BEI GRIN MACHT SICH IHR WISSEN BEZAHLT

- Wir veröffentlichen Ihre Hausarbeit,
  Bachelor- und Masterarbeit

- Ihr eigenes eBook und Buch -
  weltweit in allen wichtigen Shops

- Verdienen Sie an jedem Verkauf

Jetzt bei www.GRIN.com hochladen und kostenlos publizieren

Ursache und Intention des Robo-Advice aus der Nutzerperspektive. Wirtschaftliche und mediale Perspektiven zur Überbrückung von Informationsdefiziten im modernen Finanzhandel am Beispiel "Smavesto"

René Siepmann

Bibliografische Information der Deutschen Nationalbibliothek:

Die Deutsche Nationalbibliothek verzeichnet diese Publikation in der Deutschen Nationalbibliografie; detaillierte bibliografische Daten sind im Internet über http://dnb.d-nb.de abrufbar.

ISBN: 9783346888297
Dieses Buch ist auch als E-Book erhältlich.

© GRIN Publishing GmbH
Trappentreustraße 1
80339 München

Druck und Bindung: Books on Demand GmbH, Norderstedt Germany
Gedruckt auf säurefreiem Papier aus verantwortungsvollen Quellen

Das vorliegende Werk wurde sorgfältig erarbeitet. Dennoch übernehmen Autoren und Verlag für die Richtigkeit von Angaben, Hinweisen, Links und Ratschlägen sowie eventuelle Druckfehler keine Haftung.

Das Buch bei GRIN: https://www.grin.com/document/1363054

Ruhr-Universität Bochum
Institut für Medienwissenschaft
Wintersemester 2022 / 2023
Propädeutikum: Medientechnik und Medienpolitik

Ursache und Intention des

Robo-Advice aus der

Nutzerperspektive

Am Beispiel „Smavesto"

René Siepmann
B.A. Medienwissenschaft
1. Fachsemester

Inhaltsverzeichnis

1. Einleitung 1
2. Definitionen, Eingrenzungen und Zielsetzung 2
   2.1 Allgemeine Definitionserläuterungen 2
   2.2 Thematische Eingrenzungen 3
   2.3 Zielsetzung 4
3. Intention des Robo-Advice am Beispiel „Smavesto" 5
   3.1 Modell und Realität des Homo Oeconomicus 5
   3.2 Intention des Robo-Advice 10
4. Fazit 11

Bibliografie

1. Die Einleitung

Würden sie einem Roboter, einem Algorithmus oder einer KI ihr Geld anvertrauen, in der Erwartung, dieses damit zu vermehren? Die erste Antwort auf diese Frage wäre höchstwahrscheinlich ein entschiedenes "Nein". Schließlich hat man als Individuum mehr Kontrolle über sein eigenes Geld wenn man selbst über dessen Verwendung verfügt, bei einer Maschine ist dies zumeist nur schwer nachzuvollziehen, zu komplex können die Grundlagen von Entscheidungen sein und das Risiko einer Fehlentscheidung und dem damit verbundenen Geldverlust bleibt ohnehin bestehen.

Interessanterweise sieht dies im Finanzhandel anders aus. Seit einigen Jahren verwenden neben Finanzinstitutionen auch Privathaushalte sogenannte "Robo-Advisor" (zu Deutsch: Robotische Berater) die für sie selbst das Anlage Portfolio in verschiedenen Graden an Selbstständigkeit verwalten.

Um sich der Antwort der Frage anzunähern, weshalb dies der Fall ist, also was die Intention und Ursache des Einsatzes eines Robo-Advisors seitens eines privaten Nutzers ist muss man zunächst Menschliches Verhalten in ökonomischen Situationen einordnen und verstehen. Des Weiteren, ist es lohnenswert, die Medienwissenschaftliche Ebene des Robo-Advisors und die thematische Umwelt des Nutzers zu betrachten also die des Geldes und des globalen, digitalisierten Finanzhandels.

2. Definitionen, Eingrenzungen und Zielsetzung

2.1 Allgemeine Definitionserläuterungen

2.1.1 Robo-Advisory

Die Definition und Eingrenzung des Begriffs "Robo-Advisory" (deutsch: Robotische Beratung) basiert im Kontext dieser Arbeit auf einer vom "Policy Department for Economic, Scientific and Quality of Life Policies" des EU- Parlaments angefragten Studie [1] von Prof. Dr Phillip Maume von der Technischen Universität München die sich mit der regulatorischen Integration des Robo-Advisors innerhalb der EU auseinandersetzt. Zusätliche Aspekte der Robo-Advisory werden auf Basis eines Artikels für Verbraucher der Bundesanstalt für Finanzdienstleistungsaufsicht (kurz: BaFin) präzisiert [2].

Die Robo-Advisory sei demnach eine Technologie, die sich keiner eineindeutigen Definition zuordnen lässt, aber durchaus im Finanz- und Investmentsektor etabliert ist (vgl. Maume 2021, S.10). Grundlegend betrachtet, bieten Robo-Advisor der BaFin zufolge Dienstleistungen an, die auf der Auswertung von (teils kundenbezogenen) [3] Datensätzen durch Algorithmen basieren. Anhand der ausgewerteten Datensätze werden Handlungsempfehlungen produziert. Die Dienstleistungen reichen von direkten Handlungsempfehlungen an den Nutzer bis hin zur direkten Übernahme und Durchführung von Entscheidungen, ohne einen Eingriff des Nutzers zu benötigen (vgl. ebd., S.10).

Innerhalb dieser Arbeit wird sich auf das Geschäftsmodell der "managed investment funds" (vgl. ebd., S.12) bezogen. Dieses Modell verwaltet der Studie zufolge Anlagen Portfolios eines Nutzers autonom [4] und werden von Banken und Finanzdienstleistern angeboten (vgl. BaFin).

---

[1] Maume, Phillip (2021): „Robo-advisors - How do they fit in the existing EU regulatory framework, in particular with regard to investor protection?" . Policy Department for Economic, Scientific and Quality of Life Policies, Directorate-General for Internal Policies. Brüssel.
[2] Bundesanstalt für Finanzdienstleistungsaufsicht (2020): „Robo-Advice-Automatisierte Anlageberatung und Finanzportfolioverwaltung". https://bit.ly/3yFqzkM (15.03.2023).
[3] Beispielsweise Präferenzen, Risikoneigungen Alter und Berufsgruppe.
[4] Der Autonomitätsgrad ist abhängig vom verwendeten Robo-advisor.

2.1.2 Smavesto

Als konkretes Beispiel für diese Arbeit wird der Robo-Advisor "Smavesto" betrachtet. Smavesto ist ein Produkt der Bremer Smavesto GmbH, welches von der Sparkasse Bremen, der GET Capital AG sowie der niiio finance group entwickelt wurde[5].

Dem Modell des managed investment funds entsprechend, führt dieser Robo-Advisor eine vollständig autonome und algorithmische Portfolioverwaltung durch, die an den jeweiligen Nutzer angepasst wird[6].

2.2 Thematische Eingrenzungen

2.2.1 Wirtschaftswissenschaftliche Eingrenzungen

Da es sich beim untersuchten Gegenstand[7] um ein finanzökonomisches Produkt handelt, welches aus der Perspektive dessen Nutzers betrachtet wird, wird im Rahmen der Arbeit angenommen, dass der Einsatz eines Robo-Advisors[8] als ökonomisches Verhalten gewertet werden kann. Dabei wird die Wirtschaftswissenschaftliche Betrachtung des Gegenstandes auf zwei Kernthemen eingegrenzt, dem Homo Oeconomicus und der Verhaltensökonomie.

Wirschaftliches Verhalten wird in der traditionellen Wirtschaftswissenschaft durch den sogenannten „Homo Oeconomicus" charakterisiert. Dieses Modell wird innerhalb der wirtschaftswissenschaftlichen Untersuchung des Gegenstandes vorgestellt um sich der Intention des Nutzers bezüglich des Einsatzes eines Robo-Advisors anzunähern. Die hier verwendete Modellierung des Homo Oeconomicus basiert auf dem Working Paper „Grundlagen des ökonomischen Ansatzes: Das Erklärungskonzept des Homo Oeconomicus" von Stephan Franz, herausgegeben von Prof.Dr. W. Fuhrmann am Institut für Makroökonomik der Universität Potsdam[9].

Der Homo Oeconomicus ist ein theoretisches Konzept. Um der Fragestellung der Arbeit mit einer entsprechenden Praxisnähe zu begegnen werden zusätzlich grundlegende Erkenntnisse der Verhaltensökonomie[10] herangezogen.

---

[5] Angaben übernommen aus dem offiziellen Impressum der Smavesto GmbH.
[6] Durch verschiedene Anlagemodelle wie „konservativ, nachhaltig, risikobewusst etc.
[7] Der Robo-Advisor Smavesto wie er in 2.1.2 definiert wurde.
[8] Basierend auf die Definition 2.1.1.
[9] Franz, Stephan (2004). Grundlagen des ökonomischen Ansatzes: Das Erklärungskonzept des Homo Oeconomicus. Working Paper, Universität Potsdam https://bit.ly/3mV4ooh (15.03.2023).
[10] Die Verhaltensökonomie untersucht menschliches Verhalten in realen ökonomischen Situationen.

Die Verhaltensökonomischen Aspekte, die der realitätsnäheren Einordnung des Homo Oeconomicus dienen, liegen dem Kapitel „Verhaltensökonomie" aus Edmund Conways Werk „50 Schlüsselideen der Wirtschaftswissenschaft" zugrunde[11].

2.2.2 Medienwissenschaftliche Eingrenzung

Die Medienwissenschaftliche Analyse des Gegenstandes wird auf Grundlage des Sammelbandes „Handbuch Literatur und Ökonomie" aus dem Jahr 2020 von Prof. Dr. phil. Joseph Vogl[12] und Prof. Dr. habil. Burkhardt Wolf[13], vorgenommen[14]. Zunächst wird artikuliert, inwiefern Robo-Advice als ein Medium betrachtet werden kann, worauf infolgedessen anhand der weiteren Literatur und dem Beispiel Smavesto" die Intention des Nutzers sowie die Ursache hinter dem Verwenden eines Robo-Advisors mit einem medienwissenschaftlichen Fokus hergeleitet wird.

2.2.3 Zielsetzung

Ziel dieser Hausarbeit ist es, einen medien- und wirtschaftswissenschaftlichen Ansatz, zur Beantwortung der Frage, weshalb Menschen einen Robo-Advisor im finanzökonomischen Kontext einsetzen, zu erhalten.

Die Analyseergebnisse, wie sie in der Arbeit und dem Fazit formuliert werden, enthalten keinen universellen Geltungsanspruch. Hierfür ist die behandelte Thematik zu breit aufgestellt[15] und das verwendete Beispiel zu individuell. Die Ergebnisse sollten daher als Annäherungen, statt als eine eindeutige Antwort der Fragestellung verstanden werden.

---

[11] Conway, Edmund (2011): „Verhaltensökonomie 50 Schlüsselideen Wirtschaftswissenschaft". Heidelberg.: Spektrum Akademischer Verlag.
[12] Deutscher Literatur-Kultur und Medienwissenschaftler (Humboldt Universität Berlin).
[13] Deutscher Medien- und Kulturwissenschaftler (Universität Wien).
[14] Innerhalb des Werkes finden sich verschiedene Beiträge verschiedener Autoren, auf denen innerhalb der Analyse zurückgegriffen wird. Die Seitenzahlen sind aus dem Handbuch übernommen.
[15] Im Sinne, dass es eine unzählbare Anzahl an Robo-advisor auf dem Markt gibt.

3. Intention des Robo-Advice am Beispiel „Smavesto"

3.1 Modell und Realität des Homo Oeconomicus

3.1.1 Der Homo Oeconomicus

Nach Franz handelt es sich bei der Modellierung des „Homo Oeconomicus" um die grundlegende Verhaltensannahme der Wirtschaftswissenschaft. Dieses Modell resultiert demnach aus Volkswirtschaftslehre, die zwar kein Menschliches Verhalten beobachtet aber aufgrund der Verbindung zwischen menschlichen Verhalten und ökonomischen Zusammenhängen ein statisches Verhaltensmodell benötigen würde[16] (vgl. Franz 2004, S.3).

Basierend auf der zugrunde liegenden Literatur wird der Homo Oeconomicus wie folgt charakterisiert; Der Homo Oeconomicus handelt demnach im eigenen Interesse. Das bedeutet, dass dieser immer seine eigenen Interessen und Präferenzen innerhalb seines Handelns[17] verfolgt. Des Weiteren handle der Homo Oeconomicus stets rational[18] und orientiert sich dabei am „Ökonomischen Prinzip"[19]. Franz zufolge wird das rationale Handeln neben dem Ökonomischen Prinzip durch limitierten Zugang zu Ressourcen bestimmt. Eine rationale Handlung würde genau dann vorliegen, wenn der Akteur[20] mit einer Systematik aus ihm bekannten Handlungsalternativen, die für ihn optimale wählt (vgl. ebd., S.4f). Dies setzt voraus, dass der Akteur über vollständige Information bezüglich der Handlungsalternativen verfügt und dessen Konsequenzen abschätzen kann (vgl. ebd., S.9).

Des Weiteren sei der Homo Oeconomicus ein Nutzenmaximierer, was bedeutet, dass der Akteur mit dessen rationalen Handeln intendiert, seinen eigenen Nutzen zu erhöhen. Handelt der Homo Oeconomicus rational, so ist dessen erreichter Nutzen maximal.

---

[16] Bezeichnet als „methodologischer Individualismus". Aussagen über soziale Umstände werden durch die Summe der individuellen Handlungen und Entscheidungen untersucht (vgl. Franz 2004, S.3).
[17] Gemeint sind Vorzüge, Ziele etc.
[18] Es handelt sich hierbei um keine Forderung, sondern um eine Annahme (vgl. ebd., S.4).
[19] Entweder mit gegebenen Mitteln ein Maximum oder definiertes Ziel erreichen, oder mit minimalen Ressourceneinsatz ein maximales Ziel erreichen (vgl. ebd., S.4).
[20] Hier meint der Begriff „Akteur" den Homo Oeconomicus.

Im Zusammenhang mit dem zuvor artikulierten Eigeninteresse des Akteurs ist es bedeutend hervorzuheben, dass demnach der Homo Oeconomicus seinen Nutzen auch durch Kooperation mit anderen Akteuren erreichen bzw. maximieren kann (vgl. ebd., S.6). Trotz der statischen Annahmen innerhalb des Modells reagiert laut Franz der Homo Oeconomicus auf dessen Umweltbedingungen, sie stellen die Grundlage für dessen Verhaltensänderung dar, da die Umwelt, bzw. die Ressourcen des Akteurs und dessen Beschränkungen die Handlungsoptionen definieren[21] würden.

3.1.2 Die Verhaltensökonomie

Die Annahme des Homo Oeconomicus als grundlegende Charakterisierung ökonomischen Verhaltens ist nicht unumstritten. Multiple Phänomene zeugen von einer Abwesenheit dieses Charakters[22]. Die Verhaltensökonomie [23], eine Teildisziplin der Wirtschaftswissenschaft, die sich aus der Ökonomie und der Psychologie zusammensetzt (vgl. Conway 2011, S.186) problematisiert den Homo Oeconomicus durch dessen Erkenntnisse.

Innerhalb dieser Disziplin werden nach Conway folgende Prinzipien gefasst; Die Handlung von Menschen sei durch dessen Werte, Moral und eigenen Erfahrungen geprägt. Des Weiteren folgen sie dabei anscheinend verinnerlichte Gewohnheiten, die nur bedingt abgelegt werden können. Dies würde das Urteil beeinflussen und was für den Menschen als richtig konnotiert wird, ist demnach nicht zwangsläufig die Handlungsoption, die den maximalen Nutzen beinhaltet. Die Beurteilung ist demzufolge ebenfalls abhängig vom gehandelten Mittel, so bewerten Menschen Situationen, in denen Geld eine Rolle einnimmt unterschiedlich im Vergleich zu Situationen, in denen dies nicht der Fall ist. Zudem gilt der Mensch der Verhaltensökonomie zufolge als irrationaler Akteur im Finanziellen Bereich, da sie demnach Wahrscheinlichkeiten nur bedingt abschätzen können[24] und durch ein implementiertes Besitzdenken an Investitionen festhalten (vgl. ebd., S.187).

---

[21] Die Präferenzen bleiben dennoch bestehen, da die Umwelt die Art und Weise wie das Ziel erreicht wird definiert (vgl. ebd., S.8).
[22] Beispiele hierfür wären Krankheiten, Sucht, Neid, Eifersucht Emotionen etc. (vgl. Conway 2011, S.186)
[23] Begründet durch die Psychologen Amos Tversky und Daniel Kahnemann, die ökonomischen Modelle mit der Informationsverarbeitung des Gehirns abglichen (vgl. ebd., S.187).
[24] Beispiele solcher Eigenschaften sind das sogenannte „Framing", der Ankereffekt und weitere Phänomene die Tversky, Kahnemann und Dan Ariely durch Experimente mit Studenten untersuchten (vgl. ebd., S.188).

Letztendlich wird der Mensch selbst (im Gegensatz zum Homo Oeconomicus) nach Conway, der Verhaltensökonomie und dessen Begründer nicht selbstständig dazu verleitet rational zu handeln, dies würde durch externe Anstöße, sogenannten Heuristiken[25] erfolgen (vgl. ebd., S.189).

Deshalb den Homo Oeconomicus gänzlich abzuschreiben, ist nach Bauer zufolge nicht notwendig. Dieser sei nämlich "stets im werden begriffen" (Maschewski 2019, S.160). Dies bedeutet, dass der Homo Oeconomicus stets versuchen würde, dem Ideal bestmöglich, statt gänzlich oder gar nicht zu entsprechen.

3.1.3 Zwischenfazit der Wirtschaftswissenschaftlichen Betrachtung

Das Handeln des ökonomischen Menschen (in entsprechend Ökonomischen Kontexten) wird in der traditionellen Wirtschaftswissenschaft durch den Homo Oeconomicus charakterisiert[26]. Das dieses Modell jedoch nicht vollständig funktional ist und den realen Gegebenheiten begrenzt entspricht, wird durch Erkenntnisse der Verhaltensökonomie deutlich, in welcher festgestellt wird, dass die größte Problematik des ökonomischen Menschen, der Mensch selbst ist [27]. Trotzdessen ist ein bestimmter Grad an Charakteristiken des Homo Oeconomicus im Menschen verinnerlicht.

3.2 Intention des Robo Advice

3.2.1 Robo Advice als Medium

Um die Intention des Nutzers bezüglich des Einsatzes eines Robo-Advisors herleiten zu können, ist es hilfreich, den Robo-Advisor[28] als Medium zu betrachten. Der Mediendefinition Wolf's und Hörisch's zufolge ist ein Medium ein Gegenstand, welcher „Kommunikation, Handlung oder Wissen ermöglichen und formatieren" kann (Hörisch/Wolf 2019, S.63).

---

[25] Heuristiken können Empfehlungen, Beratungen und weitere externe Einflüsse sein.
[26] Siehe 3.1.1 Der Homo Oeconomicus.
[27] Siehe 3.1.2 Die Verhaltensökonomie.
[28] Gemeint ist hier das Beispiel Smavesto.

Der Kommunikative Aspekt der aufgeführten Definition liegt demnach darin begründet, dass ein Medium nach Luhmann „unwahrscheinliche Kommunikation in Wahrscheinliche" umwandeln kann (vgl. ebd., 2019, S.65).

Die dem Medium zugrunde liegenden Handlungs- und Wissensrealisationen sowie deren praktische Umsetzung werden demzufolge durch das dem Medium zugrunde liegende Leitmedium konkretisiert. Ein Leitmedium ist ein verbindliches Medium, welches für Akteure eines Netzwerkes vorausgesetzt wird (vgl. ebd., S.75).

Aufgrund der Veranlagung des Robo-Advisors im globalen Finanzhandel[29], sowie der Teilnahme Voraussetzung Smavesto's[30] und den ökonomischen Präferenzen[31] ist das hier zugrunde liegende Leitmedium das Geld. Das Geld als Leitmedium ist ein effektives, so kann es den Erhalt von Gütern, sowie Geschäfte (und damit Kommunikation) realisieren (vgl. ebd., S.75).

Anhand der zuvor aufgestellten Definitionen und den damit verbundenen kommunikativen Aspekten ist erkenntlich, dass es sich beim Einsatz eines Robo-Advisors, um ein kommunikatives Mittel[32] handelt. Um nachzuvollziehen, was innerhalb der Mediendefinition die wahrscheinliche Kommunikation unwahrscheinlich macht und wie das Medium Robo-Advisor diesen Zustand „korrigiert", also Handeln und Wissen umsetzt ist es nützlich, die mediale Situation des Leitmediums Geld und die Funktionsweise des Robo-Advisors näher zu betrachten.

3.2.2 Mediale Grundlage des Robo-Advice

Das Leitmedium Geld wirkt durch die sogenannte „Geldillusion" (vgl. ebd., S.76) also dem Vertrauen des Menschen, dass Geld einen realen Wert besitzt, welches auf der medialen Intransparenz der Werterzeugung basiert. Durch diese Intransparenz

---

[29] Basierend auf der Tatsache, dass Smavesto mit Wertpapieren, ETF's, Währungen und anderweitigen Wertanlagen operiert (Siehe: smavesto.de/anlagekonzept unter „Depotzusammensetzung).
[30] Einmalige, sowie Monatliche Einzahlungen ermöglichen die aktive Teilnahme am Produkt.
[31] Die Präferenz des Homo Oeconomicus ein gewisses Ziel zu erreichen, dass dessen Nutzen maximiert.
[32] Da es Kommunikation im Sinne von Transaktionen und Konsum ermöglichen kann, wenn das Leitmedium Geld durch den Robo-Advisor erhalten wird.

bleiben die Werte des Geldes zwar identisch, jedoch ist Geld hierdurch stetig einem Entwertungsrisiko, der Inflation ausgesetzt (vgl. ebd., 2019, S.78). Unter der Annahme, dass sich Menschen als rationale Nutzenmaximierer verhalten, greifen diese dann auf Aktien zurück, um dem Inflationsrisiko auszuweichen, da diese im Vergleich zum Geld selbst eine transparente Wertgrundlage[33] aufweisen (vgl. ebd., S.78). Um diese Wertgrundlage transparent zu gestalten, werden hierzu auf eine Vielzahl von Medien und Darstellungen zurückgegriffen[34] (vgl. ebd., S.78f). Dies geschieht vor allem im Kontext der Digitalisierung und dem damit einhergehenden Materialitätsverlust des Finanzhandels (vgl. ebd., S.78f). Somit ist der „Geldstandard einem Informationsstandard gewichen" (ebd., S.78), was demnach bedeutet, dass die Informationen wichtiger als das Geld, dem Leitmedium selbst ist (ebd., S.78).

Das Problem: Je abstrakter Geld, Aktien und dessen Werterzeugung wird, desto höher wird der Grad an Vertrauensverlust, worunter der Wert des Geldes und der Aktien abnimmt (vgl. ebd., S.79).

Hieraus kann man ableiten, dass die abnehmende Materialität und der zunehmende Informationsaufwand, den ein rationaler Nutzenmaximierer für seine optimale Entscheidung[35] im Rahmen des Finanzhandels benötigt, die Kommunikation beziehungsweise die Transaktion und somit das Handeln und Wissen beeinträchtigt, weshalb auf ein externes Medium zurückgegriffen werden muss, dass diese Defizite ausgleicht.

Der Robo-Advisor Smavesto nutzt hierzu, neben den technologischen Grundlagen[36] zum Handeln und zur Informationsgewinnung die Technik der Fiktionalisierung. Das Konzept der Fiktionalisierung beschreibt nach Iser die „Bildung von Vorstellungen und Hypothesen in einem erkenntnisstheorethischen Sinne" (Künzel 2019, S.132).

Konkret Ökonomische Fiktionen sind darauf fokussiert, vorstellbare in wahrscheinliche, zukünftige Situationen umzuwandeln[37] (ebd., S.134). Die Informationsgewinnung und das Handeln wird

---

[33] Aufgrund von Berichten, Marktanalysen, Meldungen und Transparenzpflichten der Börsennotierten Unternehmen.
[34] Diagramme, Grafiken, Statistische Darstellungen etc.
[35] Basierend auf der in Kapitel 3.1.1 aufgestellten Bedingung, dass für die optimale Entscheidung alle Alternativen und Konsequenzen bekannt sein müssen.
[36] Wie in Kapitel 2.1.1 bereits definiert.
[37] Im Angesicht der Tatsache, dass das Eintreten einer Fiktion nicht als gesichertes Ereignis gilt.

Durch den Robo-Advisor übernommen, während der Nutzer durch die ihm gebotene Fiktionalisierung Handlungsfähig bleibt[38].

Der Robo-Advisor Smavesto fiktionalisiert durch die Darstellung der eigenen Funktionsweise. Ein Online verfügbares Tool[39] des Robo-Advisors prognostiziert je nach Anlagecharakter und Einzahlungen, den potenziellen Nutzen des Nutzers nach Jahren in Euro. Die Kurve der geringsten, mittleren und hohen Wahrscheinlichkeit, sowie der Erwartungswert verfügen über eine stetige Steigung, die statistisch nicht nachweisbar ist und der realen Volatilität des Finanzmarktes[40] nur bedingt entspricht. Insofern wird hier fiktionalisiert, dass der Nutzer nur regelmäßige Einzahlungen vornehmen muss, um sein Vermögen auszubauen. Das Ziel, dass der Homo Oeconomicus sich selbst gesetzt hat, wird durch die Fiktion insofern dargestellt, dass die Überbrückung des Informationsdefizites und damit das Ziel durch den Robo-Advisor effizient erreichbar sei. Die beim Eingehen auf die Fiktion vernachlässigte Berücksichtigung des Risikos liegt der Verhaltensökonomischen Erkenntnis zugrunde, dass der Mensch eher bedingt stochastische Überlegungen durchführen kann.

3.2.3 Zwischenfazit der Medienwissenschaftlichen Betrachtung

Die zunehmende Immaterialisierung des globalen Finanzhandels erschwert Handeln, Kommunikation und Wissensgewinnung des rationalen Nutzenmaximierer innerhalb der Finanzökonomie, mit welcher er intendiert, das effektive Leitmedium Geld zu erhalten. Um unter diesen Defiziten, die optimalen Entscheidungen zu finden, greift dieser auf das Medium Robo-Advisor (welches Kommunikation möglicher macht[41], sowie Handeln und Wissen transformiert) zurück. Dieser übernimmt die Informationsgewinnung und das Handeln durch technologische Eigenschaften, während durch die Fiktionalisierung seitens des Robo-advisors die Handlungsfähigkeit des Nutzers auf einem umsetzbaren Niveau aufrechterhalten wird.

---

[38] In dem Sinne, dass der Nutzer sich der Fiktion und dem Robo-advisors und dessen Eigenschaften aneignet, um als ökonomischer Mensch seinen Zielerreichungsgrad zu antizipieren, was dessen Handeln als rationales Handeln verifiziert. Zusätzlich ist die einfache Einzahlung von Geld Ressourceneffizienter als die zusätzliche, eigene Informationsgewinnung und wird daher von Homo Oeconomicus vorgezogen.
[39] Zu finden auf: https://www.smavesto.de/ unter „Wie möchten sie ihr Geld anlegen?".
[40] Die dargestellten Prognosen beziehen keine Marktschwächen wie beispielsweise Wertverluste ein
[41] Durch die Überbrückung des Informationsdefizits.

Die Handlungsfähigkeit wird insofern durch die Fiktionalisierung gewährleistet, dass die Einzahlung von Geld zur Nutzung des Produktes sowie die Annahme der Fiktion mit einem geringeren Leistungsaufwand verbunden ist (und das Ziel als naheliegende Sicherheit darstellt) als die Selbstständige Informationsgewinnung über den globalen und digitalen Finanzhandel selbst.

Die finanzielle Versorgung des Robo-Advisor ist dem Homo Oeconomicus demzufolge die effizientere Alternative, da sowohl Informationsdefizite ausgeglichen werden, als auch die Fiktion, die dem Nutzer signalisiert, durch das verwenden des Robo-advisors rational und Zielführend zu handeln.

4. Fazit

Um zu verstehen, weshalb Menschen auf einen Robo-Advisor zugreifen kann man auf die traditionelle Wirtschaftswissenschaft, der Verhaltensökonomie und der Medienwissenschaft zurückgreifen. Der Einsatz eines Robo-Advisors ist aus der Wirtschaftsiwssenschaft ein Verhalten, dass anhand des sogenannten Homo Oeconomicus charakterisiert werden kann. Als rational handelnder Nutzenmaximierer greift dieser basierend auf seiner eigenen Informationshoheit auf die effizientesten Methoden und Techniken zurück, um nach dem ökonomischen Prinzip zu handeln. Aus der Verhaltensökonomie ist bekannt, dass diese Modellierung nicht stetig vorliegt, so liegen Phänomene vor, die die Entscheidungsfindung des Menschen irrational beeinflussen. Dies bedeutet jedoch nicht, dass der Homo Oeconomicus gänzlich als Modell realitätsfern sei, sondern dass dieser nach anderweitigen Einschätzungen stets versucht, den Prinzipien bestmöglichst zu entsprechen.

Beim betrachteten Gegenstand handelt es sich auf Basis der Medienwissenschaftlichen Betrachtung um ein Medium, welches dem Nutzer als Überbrücker von Informationsdefiziten (im modernen Finanzhandel) zur Erreichung des Leitmediums Geld dient. Das Erhalten weiterer Geldes selbst, ist hierbei das Ziel des ökonomischen Menschen, da es aufgrund der medialen Eigenschaften des Geldes (Geschäftsfähigkeit) einen äußerst hohen Nutzen mit sich trägt. Die Überbrückung des Informationsdefizites innerhalb des globalisierten und digitalisierten Finanzhandels (in welchem der Robo-

Advisor operiert) ist nach den Charakteristiken des Homo Oeconomicus essenziell um ein rationales Handeln zu emöglichen. Das Informationsdefizit selbst ensteht durch die zunehmende Immaterialisierung des Finanzhandels, was den Nutzer daran hindert, selbstständig eine rationale, optimale Entscheidung treffen zu können (durch einen hohen Aufwand an einhergehenden Informatiosnbeschaffung). Aufgehoben wird das Defizit, durch die technischen Eigenschaften des Robo-Advisors, da er an den Anforderungen des globalen und digitalen Finanzhandels angepasst ist und sich zum anderen der Verhaltensökonomie entziehen kann (da dessen Algorithmen keine Implementierten psychologischen, irrationalen Einflussfaktoren enthalten.

Basierend auf der Ansicht, dass der Homo Oeconomicus stetig versucht, sich seinen eigenen Charakteristiken anzunähern, kann man herleiten, dass der Einsatz eines Robo-Advisors aus der Nutzerperspektive eine Konsequenz des immateriellen Finanzhandels und dessen eigenen, menschlichen Irratioanlität ist.

Die Wahrnehmung, bzw. die Einschätzung des rationalen Handelns durch den Einsatz eines Robo-Advisors seitens des Nutzers erfolgt im Rahmen des Beispiels "Smavesto" anhand von Fiktionalisierung, einer Methodik, die zukünftiges, ohne vollständige Sicherheit auf tatsächliche Realisiation als gesicherte Ereignisse darstellt. Dem Nutzer wird (am Beispiel Smavesto) durch ein Tool vermittelt, dass die Leistungsarme, finanzielle Versorgung des Robo-advisors zur Erreichung des Ziels (Gewinnorientierter Gelderhalt) bei gleichzeitigen einsparen bzw. Verzicht von Informationsleistungen des Nutzers beiträgt. Unter den Gesichtspunkten des Homo Oeconomicus und dem ökonomischen Prinzip (welcher der Nutzer versucht bestmöglichst einzuhalten) und der Umwelt in welcher er handelt, ist demnach der Einsatz des Robo-Advisors die effizienteste, optimalste Handlungsalternative und somit die für ihn optimale Entscheidung.

Bibliografie

Maume, Phillip (2021): *Robo-advisors -How do they fit in the existing EU regulatory framework, in particular with regard to investor protection?* . Policy Department for Economic, Scientific and Quality of Life Policies, Directorate-General for Internal Policies. Brüssel

Bundesanstalt für Finanzdienstleistungsaufsicht (2020): *„Robo-Advice-Automatisierte Anlageberatung und Finanzportfolioverwaltung"*. https://www.bafin.de/DE/Verbraucher/Finanzwissen/Fintech/RoboAdvice/rob o_advice_node.html (15.03.2023)

Franz, Stephan (2004). *Grundlagen des ökonomischen Ansatzes: Das Erklärungskonzept des Homo Oeconomicus.* Working Paper, Universität Potsdam https://www.uni-potsdam.de/fileadmin/projects/prof-fuhrmann-vwl/Publikationen/Grundlagen_des_%C3%B6konomischen_Ansatzes_Das_Erkl% C3%A4rungskonzept_des_Homo_Oeconomicus.pdf (15.03.2023)

Conway, Edmund (2011) *„Verhaltensökonomie 50 Schlüsselideen Wirtschaftswissenschaft".* Heidelberg.: Spektrum Akademischer Verlag

Hörisch, Jochen / Wolf, Burkhardt: „Medientheorie und Mediengeschichte". In: Vogl,Joseph/ Wolf, Burkhardt (2020; Hg.): *Handbücher zur kulturwissenschaftlichen Philogie.* Berlin, Boston.: De Gruyter. S.63-79

Künzel, Christine: „Fiktion, Fiktionalisierung". In: Vogl,Joseph/ Wolf, Burkhardt (2020; Hg.): *Handbücher zur kulturwissenschaftlichen Philogie.* Berlin, Boston.: De Gruyter. S.132-135

Maschewski, Felix: „Homo Oeconomicus". In: Vogl,Joseph/ Wolf, Burkhardt (2020; Hg.): *Handbücher zur kulturwissenschaftlichen Philogie*. Berlin, Boston.: De Gruyter. S.160-163

Smavesto GmbH (2023): *„Smavesto-Die Zukunft ihrer Geldanlage ist da".* https://www.smavesto.de/ (15.03.2023)